Grandes Barcos de la Historia

Descubre las asombrosas embarcaciones que surcaron los mares

Mr. Motorman

Contenido

Historia de la navegación

El mar, como fuente casi inagotable de riqueza, tiene que haber llamado poderosamente la atención del hombre desde las más remotas épocas. Probablemente el primer contacto que sostuvo el hombre con el mar fue para procurarse alimento, no ya pescando, puesto que la pesca necesita de una técnica más o menos elaborada, sino recolectando crustáceos y moluscos, algunas de cuyas especies viven en las costas.

Tras siglos de recolección, cuando el hombre elaboró los sistemas necesarios para la pesca, debió de sentir la necesidad de aventurarse por las aguas, para lo cual utilizaría cualquier elemento flotante que fuera capaz de sostenerlo. Un tronco, por ejemplo. La invención del remo fue evidentemente simultánea, o poco menos, al acto de desplazarse flotando encima de un tronco. Una rama cualquiera habría, pues, constituido el primer remo.

Cuando el hombre fue perfeccionando sus primitivos sistemas de navegación, no tardó en descubrir que el viento podía ayudarle en sus propósitos. Así nacería la vela, que durante milenios serviría al hombre como elemento capaz de aprovechar la fuerza del viento, tan poderosa como omnipresente.

Egipto

Egipto ha sido y es, fundamentalmente, el país del Nilo. Este río es, en su curso bajo, fácilmente navegable, y los antiguos egipcios no encontraron dificultades en recorrerlo a bordo de frágiles embarcaciones de papiro. Con el paso del tiempo, llegaron a fabricar barcos de cierta altura, propulsados por remos y velas. Incluso se debe al Egipto faraónico el primer intento de transporte de grandes cargas por vía fluvial, pues los obeliscos de Karnak, que se sabe fueron llevados río abajo a bordo de grandes barcazas, pesan hasta 350 toneladas, y una embarcación capaz de transportar tales pesos, indica la existencia de una técnica de construcción naval nada primitiva.

Los fenicios

El mar no tardó en ser un medio de facilitar los intercambios comerciales. Se encargaron de ello los fenicios. Este pueblo, tal vez el de vocación marinera más intensa en la antigüedad, hizo uso de la naciente navegación para comerciar con casi todos los pueblos del Mediterráneo.

Las naves fenicias, conocidas en todas las costas gracias a su característico color negro, eran siempre bien recibidas, y los fenicios, tan buenos navegantes como comerciantes, iniciaron el comercio naval en escala nada despreciable, ofreciendo además a la humanidad su dilatada experiencia marinera.

Grecia y Roma

Fueron los griegos los primeros en usar el barco como medio de combate, empleando galeras, esbeltas embarcaciones de unos 45 metros de eslora y 7 de manga. No obstante, las llamadas «batallas navales» entabladas por griegos y romanos no pasaron de ser realmente batallas terrestres, con la diferencia de que en vez de luchar con los pies en tierra se combatía sobre las cubiertas de los navíos, y la única operación guerrera que tenía que ver algo con la navegación era la realización del abordaje.

Respecto al poderío naval de Roma, se podría decir lo mismo que lo de los griegos. Por otra parte, los romanos nunca gustaron de las batallas navales, pues el arma infalible del César, la falange, sólo daba buenos resultados disponiendo de cierto espacio para la maniobra, espacio que las reducidas cubiertas de unos barcos más o menos frágiles, no podían ofrecer.

La Marina Mercante romana fue sin duda de grandes dimensiones, pues el imperio no se basaba tanto en la ocupación militar como en el intercambio comercial. En las naves de carga, el transporte se hacía en ánforas, recipientes cerámicos de forma alargada y dotados de asas para su manipulación. Las ánforas se transportaban metidas en una especie de cuadriláteros formados por travesaños de madera, y estos recipientes servían no sólo para el transporte de líquidos, sino incluso para enviar trigo y otros granos.

Los vikingos

Otro pueblo tan marinero como los fenicios fue, probablemente, el vikingo. Provenientes de la península escandinava, región dura y poco fértil, estos hombres buscaron en el mar la riqueza que les negaba la tierra.

A bordo de excelentes embarcaciones, los vikingos, que además de valerosos guerreros eran hábiles hombres de mar, llegaron a navegar por todo el mar del Norte, cruzando el Mediterráneo hasta el mar Negro y llegando muy probablemente a las costas de Canadá.

El «drakkar» o barco vikingo era una embarcación de 30 ó 40 metros de largo impulsado por unos sesenta guerreros ayudados por la acción del viento, que se aprovechaba con una vela cuadrada.

Estos barcos fueron probablemente los mejores de su época, cosa que no es de extrañar, ya que los vikingos debieron de afinar más su talento constructor que los romanos, dado que el Mediterráneo es un plácido lago en comparación con las peligrosas aguas del mar del Norte.

La Edad Media

Durante la Edad Media, y aparte de las actividades de los vikingos, la navegación experimentó grandes progresos. Los barcos empleados, cuyas formas conocemos gracias a los tapices de Bayeux, no se diferencian gran cosa de las embarcaciones romanas de transporte, aunque se puedan distinguir en ellos detalles tomados de los «Drakkars» vikingos.

En la Edad Media, los pueblos que habían integrado el desaparecido imperio romano cayeron en un profundo estancamiento cultural, y fueron los árabes los portadores de la antorcha de la sabiduría. Los árabes fueron los inventores del astrolabio, primer instrumento astronómico de cierta precisión, y trajeron a Occidente la brújula, invento de origen chino.

Con la brújula, los marinos medievales pudieron dejar de confiar en las estrellas para su orientación, animándose a alejarse de las costas guiados en buen o mal tiempo por la aguja magnética.

Para conocer su posición en el mar, el marino precisa saber su latitud y su longitud. En aquellos años se podía determinar con cierta aproximación sólo la primera de ambas magnitudes, y la longitud se estimaba por procedimientos menos precisos. Tendrían que pasar muchos años para que los artesanos europeos fabricasen un reloj lo bastante preciso como para conocer la longitud.

Esquema de un buque de transporte

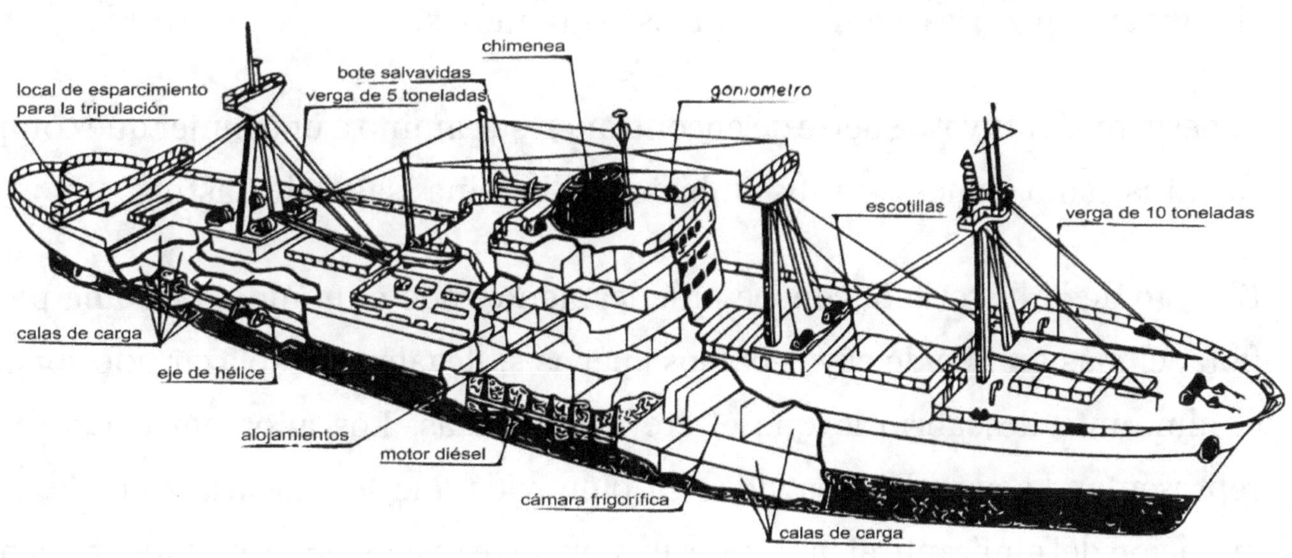

El gran almirante de la mar

La navegación medieval necesitaba de un acontecimiento que la sacase de su estancamiento improductivo, y ese evento fue el mayor de los descubrimientos, gracias a una de las personalidades más brillantes que hayan pasado por la historia: Cristóbal Colón.

Hombre de una ambición y un valor sin límites, Colón perseguía un sueño en apariencia imposible: llegar a las costas de la China por la ruta del Oeste, en vez de circunnavegar África, como hacían los portugueses.

El descubridor tuvo la suerte de encontrar en su camino a una mujer que compartió su entusiasmo, aunque no sus ambiciones: la reina Isabel de Castilla.

El resto de la historia la conoce prácticamente todo el mundo. Con una pequeña flota, el más grande de cuyos barcos apenas si llegaba a desplazar 200 toneladas, el almirante descubrió lo que él creyó las Indias. Los años entre 1492 y 1495 representan la cúspide de la vida de Colón, vida que se ahogaría en la desmedida ambición del almirante al morir, desilusionado e insatisfecho, en 1506, todavía tras la reivindicación de sus privilegios, pleito que continuaron sus herederos hasta el siglo XIX.

Carabela

Este barco de vela, hecho inmortal por su participación en los viajes colombinos, era una embarcación pequeña, muy usada a fines de la Edad Media.

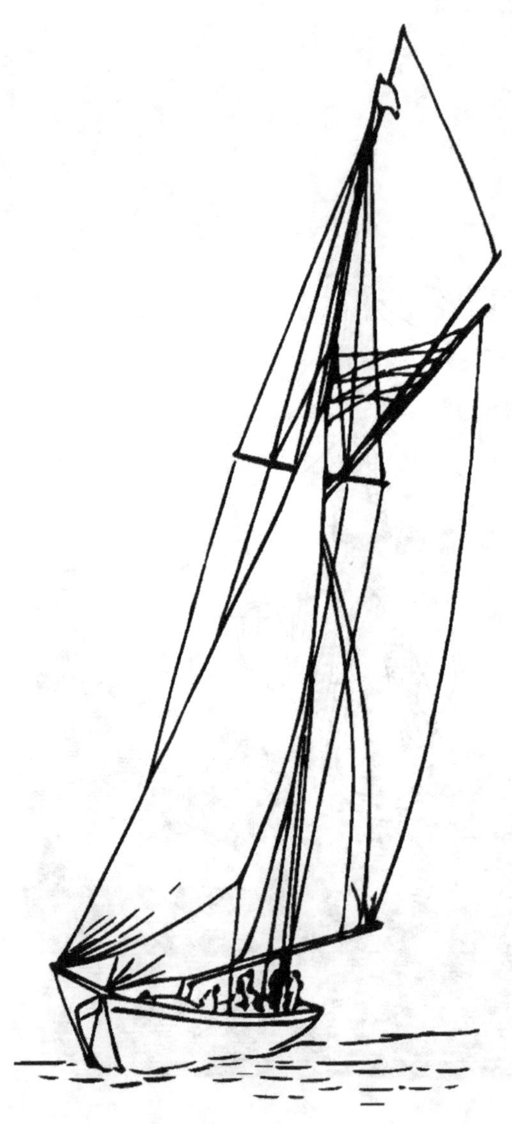

El velamen era cuadrado o de tipo latino, llevando hasta tres mástiles.

El desplazamiento de una carabela de tamaño medio era de unas 150 toneladas, y la tripulación oscilaba entre 20 y 40 marinos.

El armamento, cuando se llevaba, se reducía a dos bombardas instaladas bajo cubierta y algunos pequeños cañones montados en la borda.

La era de los descubrimientos

La hazaña de Colón y los largos viajes de los navegantes portugueses empujaron a otras naciones a financiar expediciones de exploración y colonización.

Con ello, la navegación experimentó un gran impulso, y los barcos fueron haciéndose cada vez más grandes y seguros. Había llegado la era de la vela.

La marina de guerra, antes poco utilizada, se hizo imprescindible para el control y la protección del comercio con los imperios ultramarinos, y se construyeron poderosos navíos de guerra, como el español «Santísima Trinidad», perdido en la batalla de Trafalgar, que tenía tres puentes y desplazaba unas 13.000 toneladas, cifra inusitada para la época.

Los navíos de guerra de los siglos XVI, XVII y XVIII, se armaban de una o más filas de cañones colocados sobre cureñas móviles, que disparaban metralla o balas macizas destinadas a perforar los cascos o desarbolar los buques enemigos.

Cuando no se recurría al abordaje, parte de la tripulación empleaba armas de fuego ligeras, con las cuales disparaba contra los marinos enemigos.

El vice almirante inglés Horacio Nelson murió en Trafalgar a consecuencia de una bala de arcabuz.

El radiogoniómetro

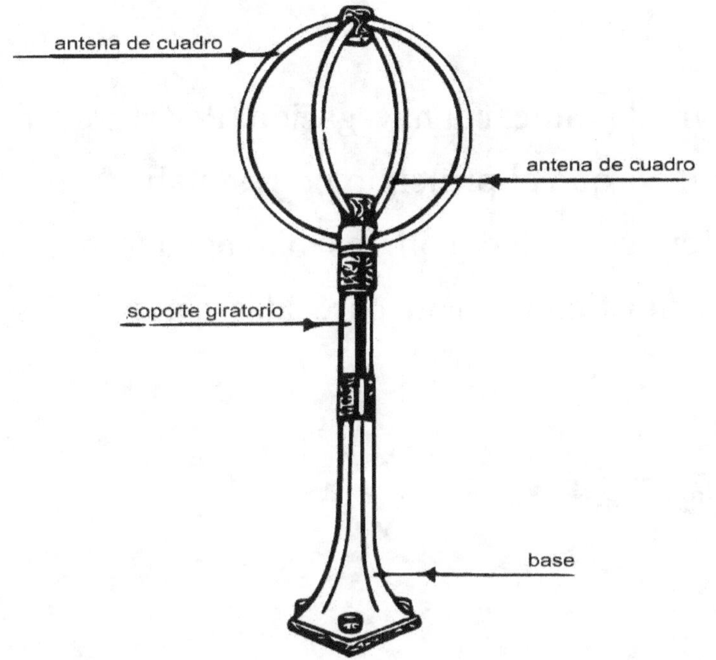

El radiogoniómetro es un instrumento que permite al marino conocer su posición, con cierta aproximación, en condiciones que hagan imposible la observación astronómica. Se basa en la utilización de una antena giratoria de cuadro, que tiene cualidades direccionales muy señaladas, es decir que la recepción varía con el ángulo que forme el plano de la antena con respecto a la dirección de las ondas. Cuando el plano de la antena de cuadro está perpendicular a la fuente, la recepción es mínima; cuando es paralelo, la recepción es máxima. Realizando mediciones de las señales de dos o más emisoras con distintas posiciones de la antena, el marino puede conocer su posición con cierta precisión.

La aparición del vapor

La aparición del vapor no cambió de modo radical la navegación. Por el contrario, el vapor tardó en imponerse, en parte porque al principio no resultaba fácil a las embarcaciones de vapor competir en velocidad con los barcos de vela, que efectuaban la travesía en casi el mismo tiempo, con parecidas condiciones de seguridad... y gratis.

La primera aplicación de la máquina de vapor a los barcos la realizó el norteamericano Robert Fulton, que construyó el barco «Clermont», movido por una máquina de vapor, en 1807. La propulsión se realizaba mediante el movimiento de dos ruedas de paletas situadas en los costados del navío.

Tuvieron que pasar algunos años para que en 1838 se efectuara la primera travesía de un vapor en aguas del océano Atlántico. Contra lo que pudiera pensarse, la innovación no tuvo éxito entre las marinas de guerra, tal vez demasiado acostumbradas a la vela y que sostenían, con razón, que las grandes ruedas de paletas serían en extremo vulnerables en combate.

Los primeros barcos de vapor llevaban, además de la máquina y las ruedas, sus mástiles y velamen, que utilizaban en caso de averías –en ese tiempo muy frecuentes - o en caso de tener vientos favorables. Así, el gigantesco «Great Eastern», botado en 1858, tenía cinco mástiles repartidos entre sus 226 metros de longitud, además de contar con una máquina de vapor que, alimentada por veinte calderas, movía una hélice y dos ruedas de paletas.

La hélice

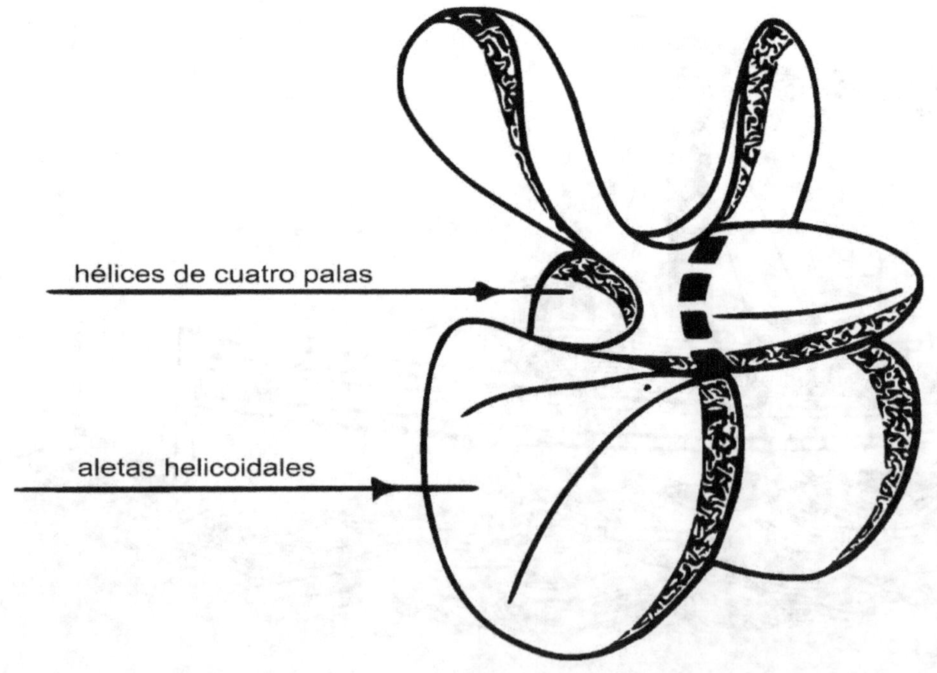

La hélice es el medio motriz más empleado por los barcos de motor hasta el día de hoy. A su lado se emplean aún, siempre en cauces fluviales, las ruedas de paletas, y la hélice empieza ya a sufrir las consecuencias, especialmente en terreno deportivo, de sistemas de chorro que emplean turbinas hidráulicas de alto rendimiento.

El número de hélices de un barco moderno varía de una a cuatro, según las necesidades y la potencia del navío. Estas hélices tienen palas cortas y pesadas, y el número de palas varía según el empleo a que se destine. Una hélice de dos palas está bien adaptada a altas velocidades de giro y es especialmente apropiada para embarcaciones deportivas. Las hélices de cuatro palas o más se utilizan siempre para embarcaciones más pesadas y lentas.

La hélice y la navegación moderna

Con la aparición de la hélice, el vapor se establece como fuerza motriz esencial de la navegación. La hélice fue introducida por el ingeniero sueco Ericcson, que trabajaba para el gobierno norteamericano.

Ya en el siglo XX, la navegación a vapor no dejó de perfeccionarse. Se introdujeron máquinas de vapor mejoradas y más eficientes, como las de expansión triple, y se abandonó el carbón, combustible sucio, voluminoso y difícil de manipular, en favor de los derivados pesados del petróleo, que permiten controlar la combustión con facilidad. También la turbina de vapor, máquina de gran rendimiento, se incorporó a la vida marinera, tras algunas dificultades derivadas de su alta velocidad característica.

Esquema de un yate de motor

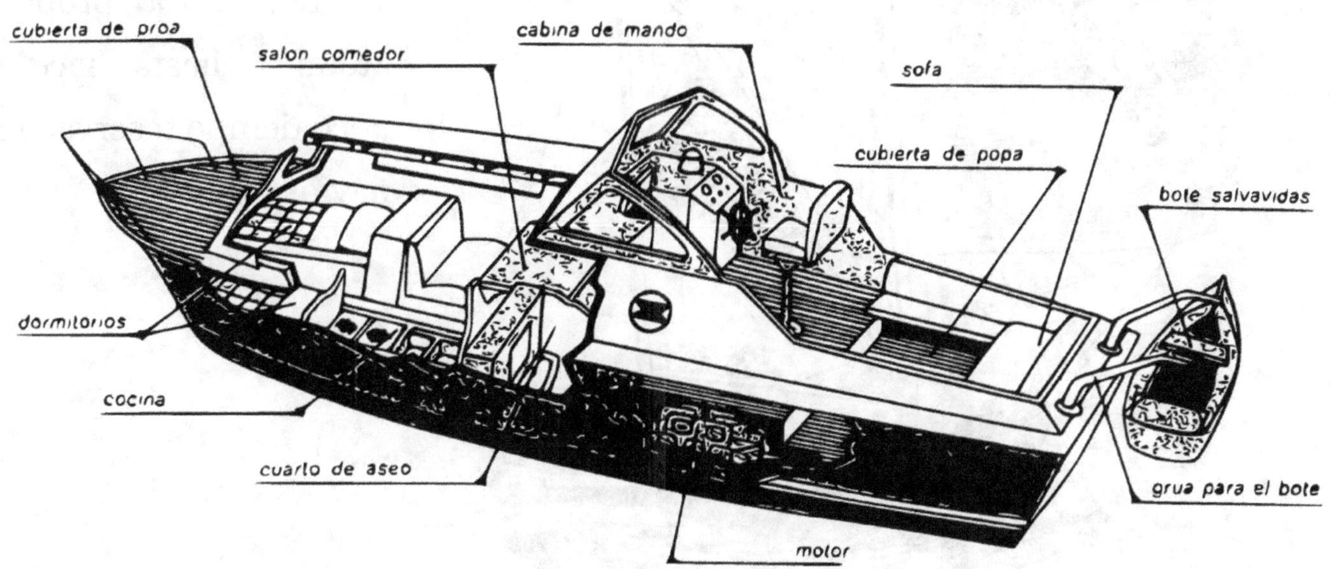

Modernamente se tiende a adoptar el motor diésel como elemento propulsor. Este ingenio tiene la ventaja de ser la máquina térmica de rendimiento más elevada que se conoce, se pueden construir unidades de grandes potencias y es más fácil de manejar que las turbinas y máquinas de vapor. Hoy día, la totalidad de los barcos pesqueros y una gran parte de los mercantes emplean el motor diésel.

Pero tampoco el motor diésel es la última palabra. Modernamente se empieza a adoptar la propulsión atómica, hasta hace muy poco tiempo reservada a los navíos de guerra.

Esquema de un velero moderno

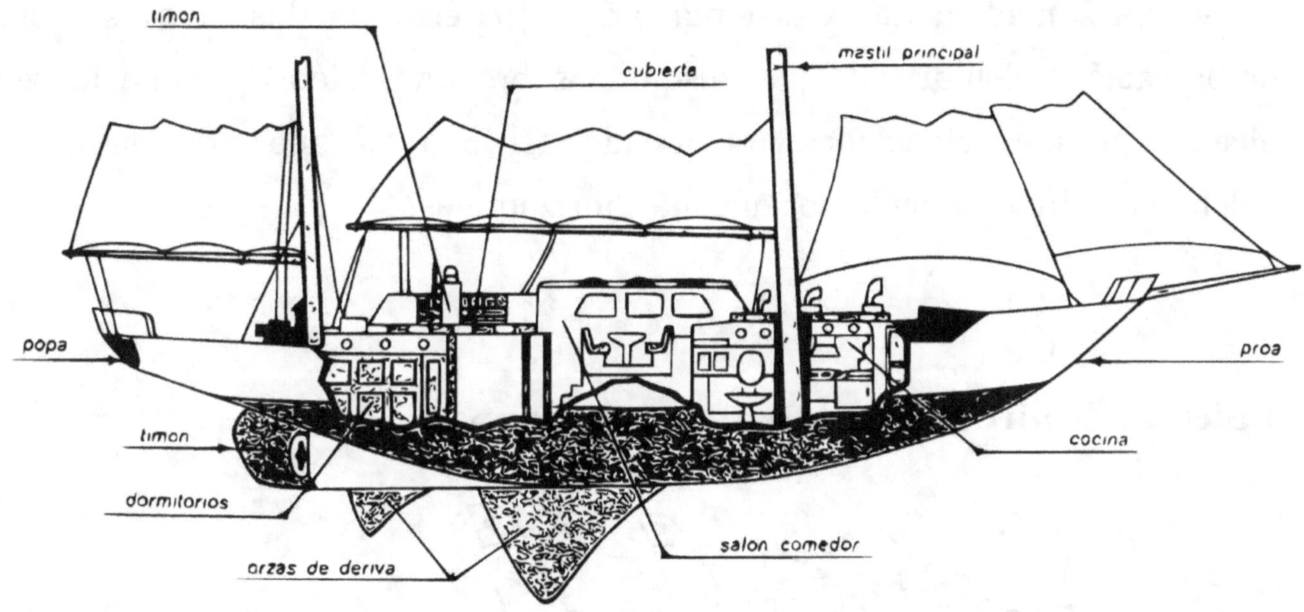

Otros sistemas: Hidroala y «Hovercraft»

Hace aproximadamente cincuenta años aparecieron dos nuevos tipos de embarcación: el hidroala, que «esquía» sobre unas aletas, lo que le permite alcanzar grandes velocidades; y el llamado «Hovercraft», que se desplaza sobre un colchón de aire producido por turbinas horizontales.

Colchón de aire anular «Britten-Norman»

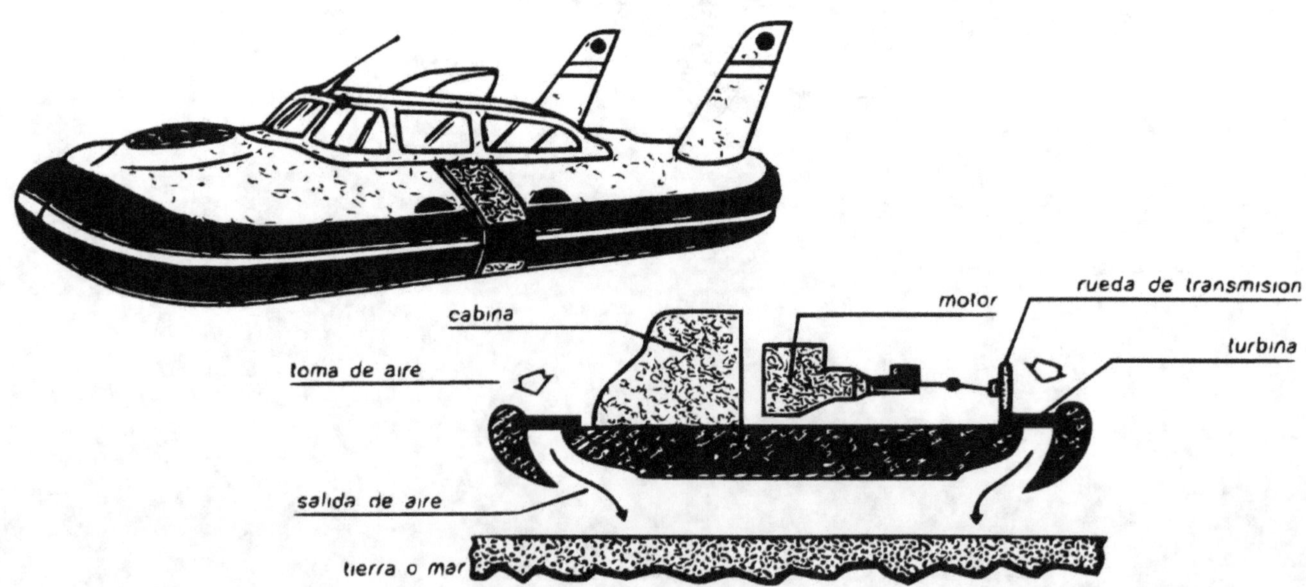

Otra embarcación que hizo historia

El Titanic

RMS Titanic fue un barco de pasajeros británico que se hundió en el Océano Atlántico Norte en la madrugada del 15 de abril de 1912, después de chocar con un iceberg durante su viaje inaugural de Southampton a Nueva York.

De los estimados 2.224 pasajeros y tripulantes a bordo, más de 1.500 murieron, lo que lo convierte en uno de los desastres marítimos comerciales más mortíferos en tiempos de paz en la historia moderna.

El barco más grande a flote en el momento en que entró en servicio, el RMS Titanic fue el segundo de tres transatlánticos de clase olímpica operado por la White Star Line, y fue construido por el astillero Harland y Wolff en Belfast. Thomas Andrews, su arquitecto, murió en el desastre.

La marina de guerra

La historia de la marina de guerra está íntimamente ligada al perfeccionamiento de las armas de fuego. Desde que se comenzaron a montar cañones en los barcos a principios del siglo XIV, hasta que aparecieron las torres giratorias y el blindaje en la segunda mitad del pasado siglo, la estampa del navío no varió apenas, como tampoco había evolucionado apenas el cañón.

Los blindados, primer perfeccionamiento importante de la marina de guerra, aparecieron por vez primera en la Guerra de Secesión americana, en la famosa batalla, de indeciso resultado, de las naves «Monitor» y «Merrimap».

Al principio el blindaje se reducía a un cinturón de gruesa plancha de acero que cubría las zonas del barco especialmente vulnerables.

Este concepto se mantuvo con ciertas modificaciones durante mucho tiempo, y el esquema de la gran capacidad de resistencia presentada por los acorazados fue válido hasta la segunda guerra mundial, que demostró que estos barcos podían ser hundidos con cierta facilidad por la aviación.

Así, la experiencia de la segunda guerra, especialmente en el Pacífico, aconsejó la sustitución de los acorazados por portaaviones.

El último gran acorazado fue sin duda el más perfecto de la historia naval, el navío alemán «Bismarck», que sólo pudo ser hundido gracias al acoso incesante de los aviones torpederos.

Cañón antiaéreo dirigido por radar

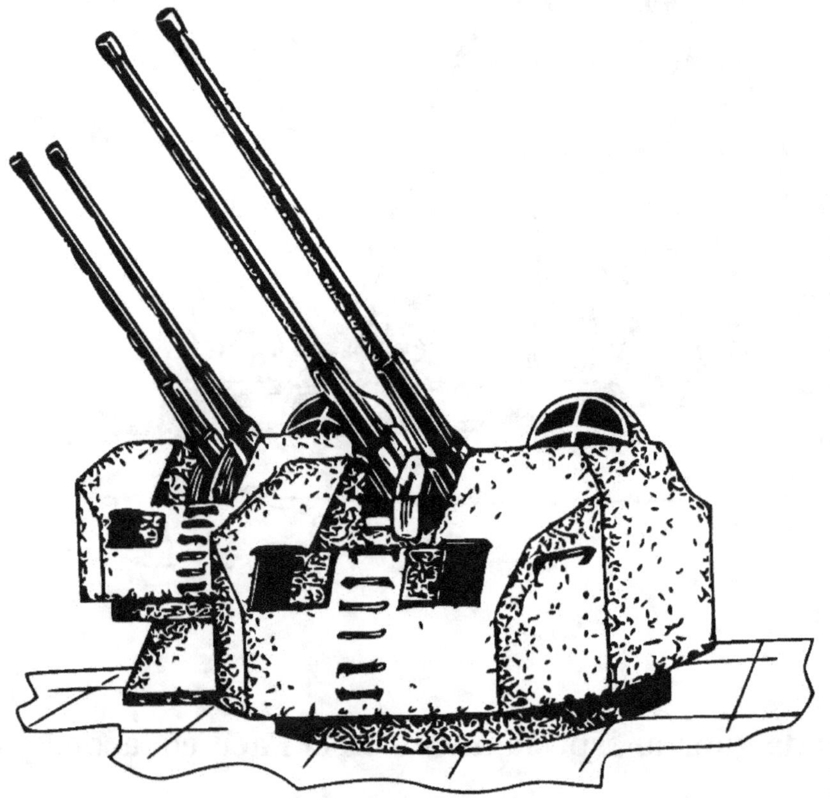

Este tipo de cañón, en montura doble instalada sobre una torreta móvil, apunta automáticamente gracias a un sistema de radar, que determina la distancia, velocidad y rumbo del blanco. Los proyectiles disparados llevan una carga explosiva que se activa por medio de una espoleta de proximidad. Los sistemas de tiro dirigido por radar empezaron a usarse a finales de la segunda guerra, y en la actualidad se han hecho prácticamente indispensables, dada la elevada velocidad de los aviones a reacción.

Vista del portaviones «Enterprise» de Estados Unidos de América

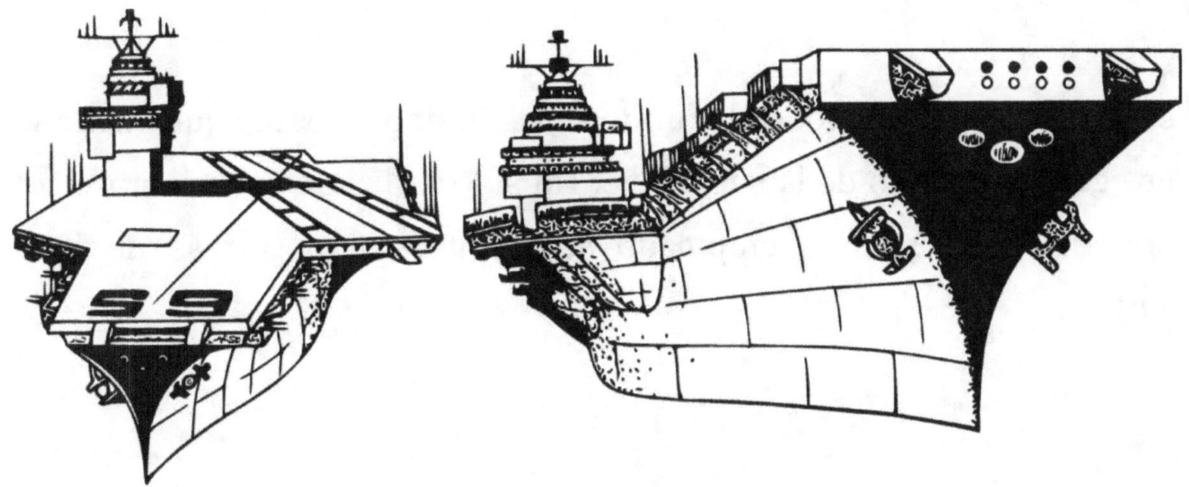

Esquema de una catapulta de vapor emplazada en la cubierta de un portaviones

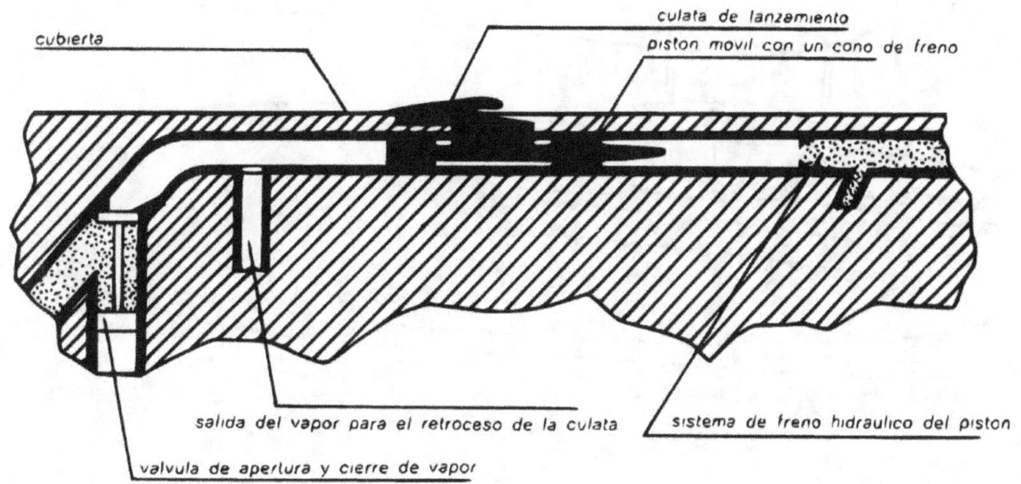

El submarino

El submarino es, como todo el mundo sabe, un tipo de barco que puede sumergirse y navegar por debajo de la superficie. Ha sido utilizado casi siempre como arma, aunque a veces se han empleado sumergibles para tareas de investigación científica.

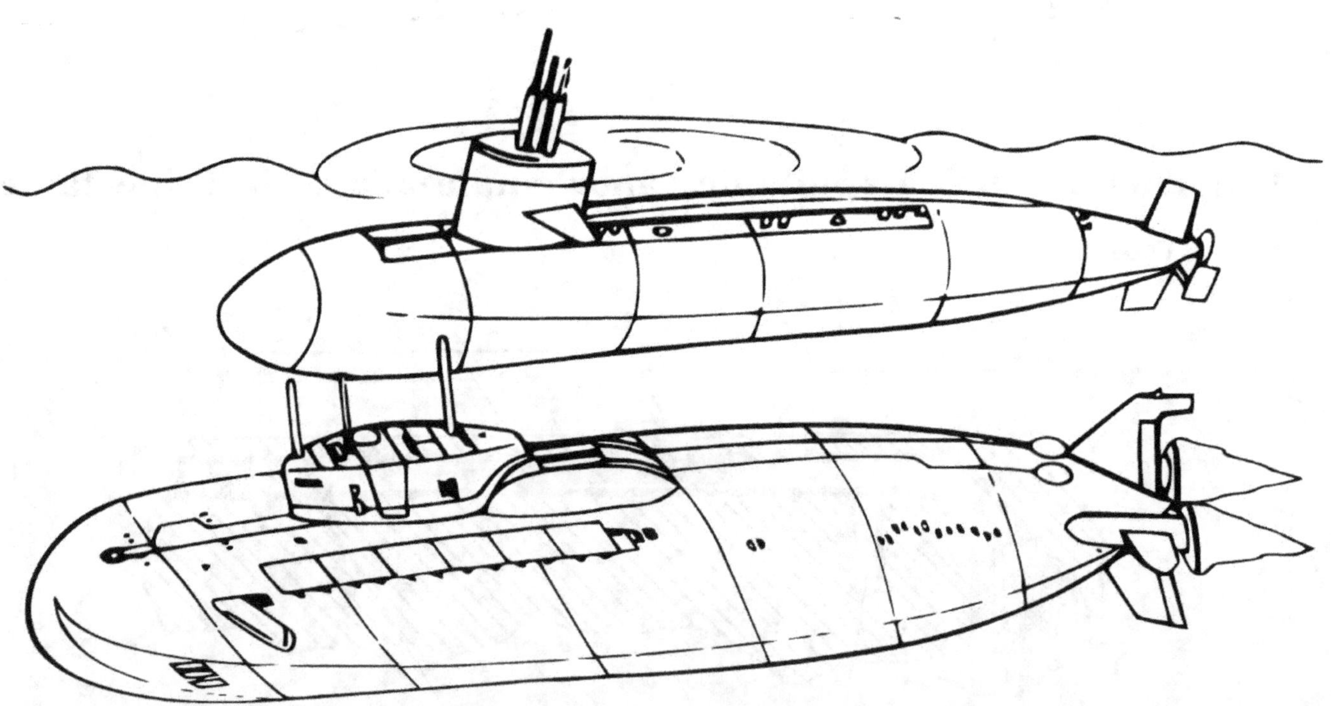

El submarino puede sumergirse porque dispone de depósitos que puede llenar o vaciar con agua de mar, aumentando o disminuyendo su peso a voluntad.

 Cuando se desea que se sumerja, se admite agua a estos depósitos, y cuando se quiere emerger, se expulsa esta agua por medio de aire comprimido.

Para su propulsión, el sumergible dispone de dos tipos de motores. Diésel para navegar por la superficie, y eléctrico, alimentado por acumuladores, para moverse en inmersión.

Modernamente, los submarinos atómicos han permitido prescindir de estos motores, y tienen una autonomía extraordinaria, pudiendo dar la vuelta al mundo sin reabastecerse de «combustible» atómico.

El armamento de un submarino son principalmente sus torpedos. Estas armas son en realidad pequeños submarinos movidos por un motor de aire comprimido, que llevan una espoleta magnética o acústica para hacer explotar, justo debajo del barco enemigo, una respetable cantidad de explosivo.

Esquema de submarino

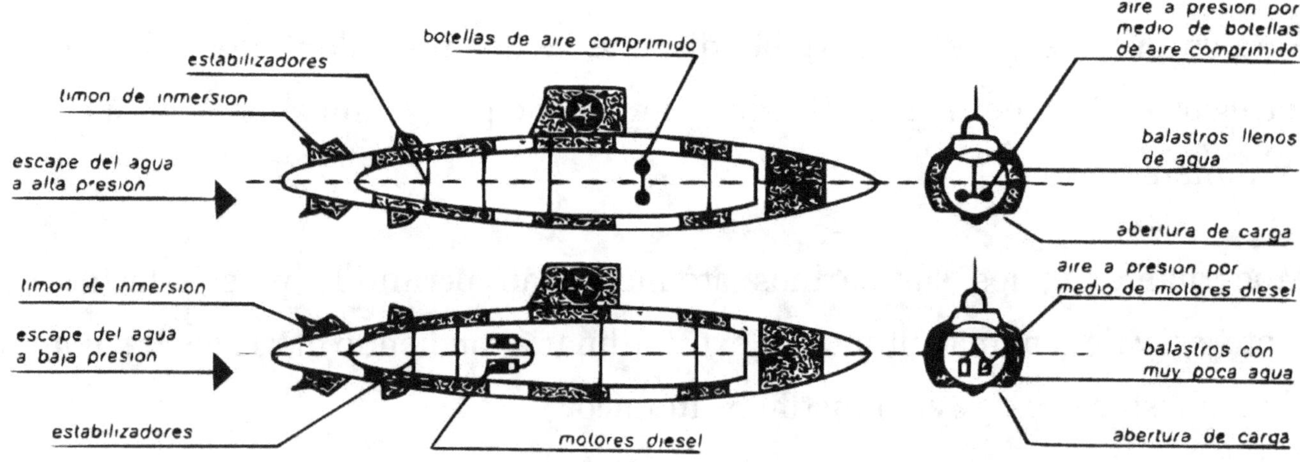

La marina pesquera

Los tipos de barcos pesqueros abarcan todos los tamaños. Desde la modesta barca de un pescador costero, hasta los enormes barcos factoría de las flotas balleneras.

Sin embargo, gran cantidad del pescado utilizado directamente como alimento es atrapado con barcos de tonelaje medio, y generalmente por la técnica de la red de arrastre.

Este sistema consiste en remolcar una red especial, en forma de saco, en aguas poco profundas, en donde la sonda de ecos indica la existencia de bancos de pescado.

El sistema de arrastre permite efectuar grandes capturas en poco tiempo, pero esa misma efectividad ha empobrecido las zonas un día ricas en pesca.

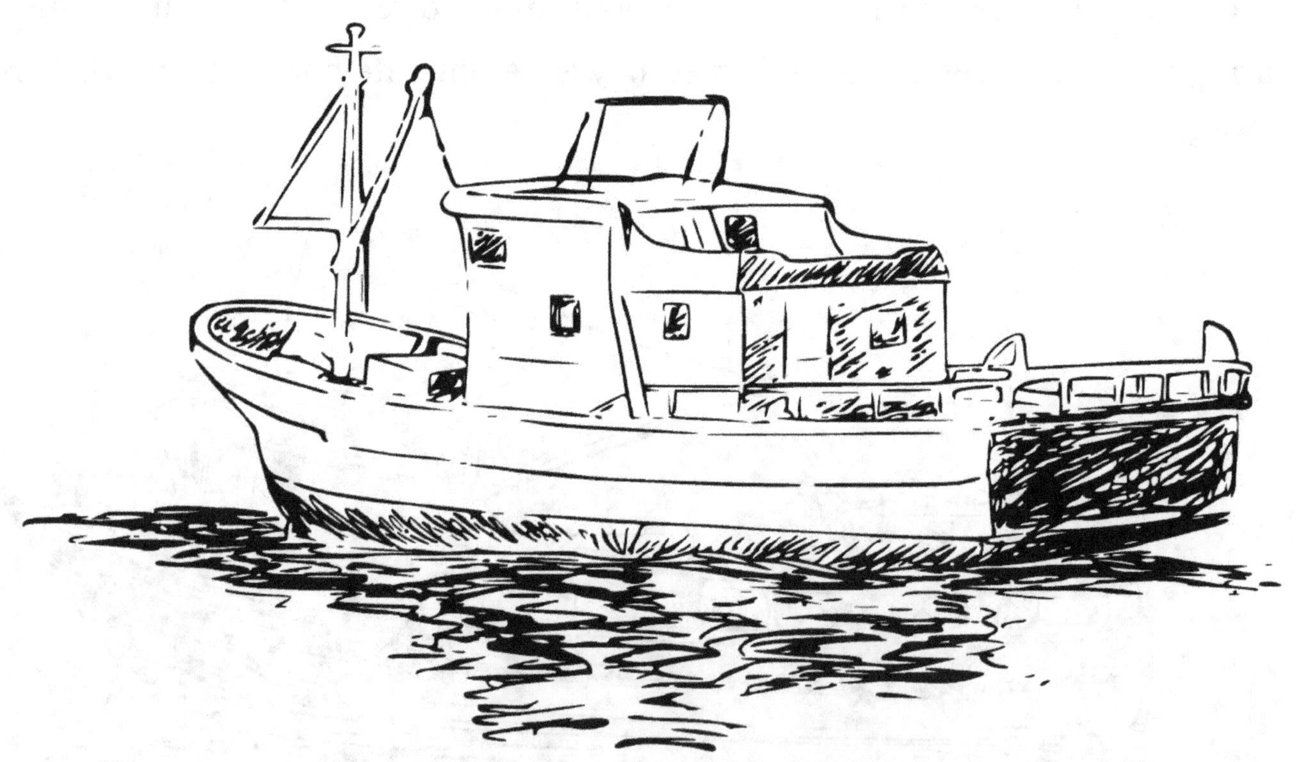

Esquema del sistema de pesca por «arrastre»

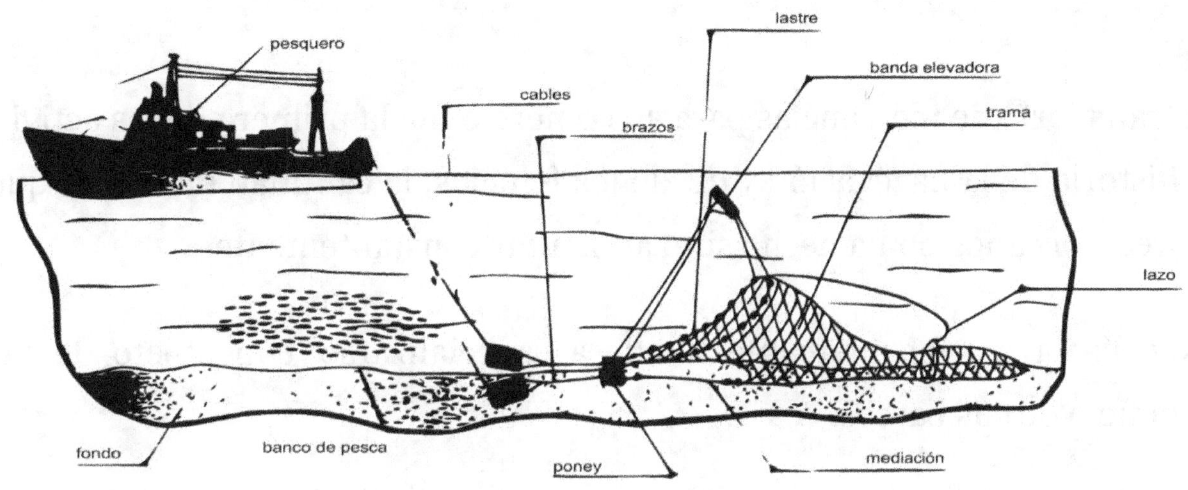

Funcionamiento de la sonda de ecos

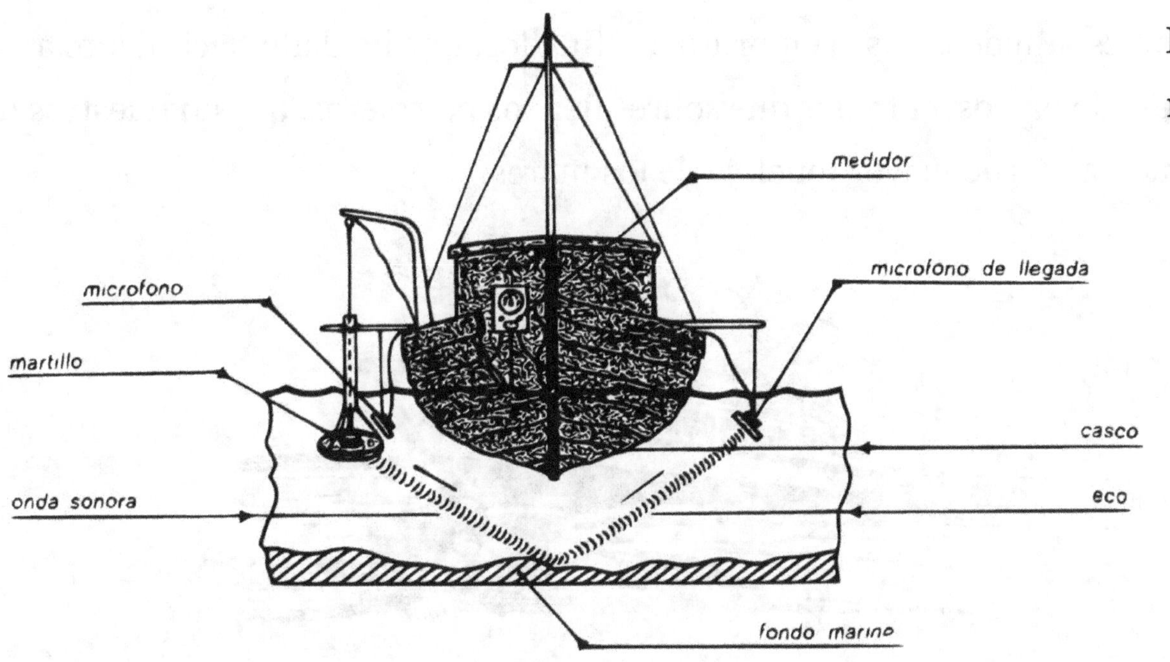

39

La marina mercante

El transporte de mercancías para su comercio fue la primera de las actividades de la historia de la navegación y desde los fenicios, la cantidad de bienes que cruzan mares y océanos no ha hecho sino aumentar constantemente.

Hoy día la marina mercante tiende a especializarse, con objeto de sacar más beneficio de sus barcos.

La especialización más importante y conocida tal vez sea la del transporte de combustibles líquidos, ya sea en bruto o refinados, que ha dado nacimiento a toda una familia de barcos, entre los que sobresalen los petroleros, que en nuestros días son los mercantes de mayor tonelaje de los mares.

Esquema de un remolcador

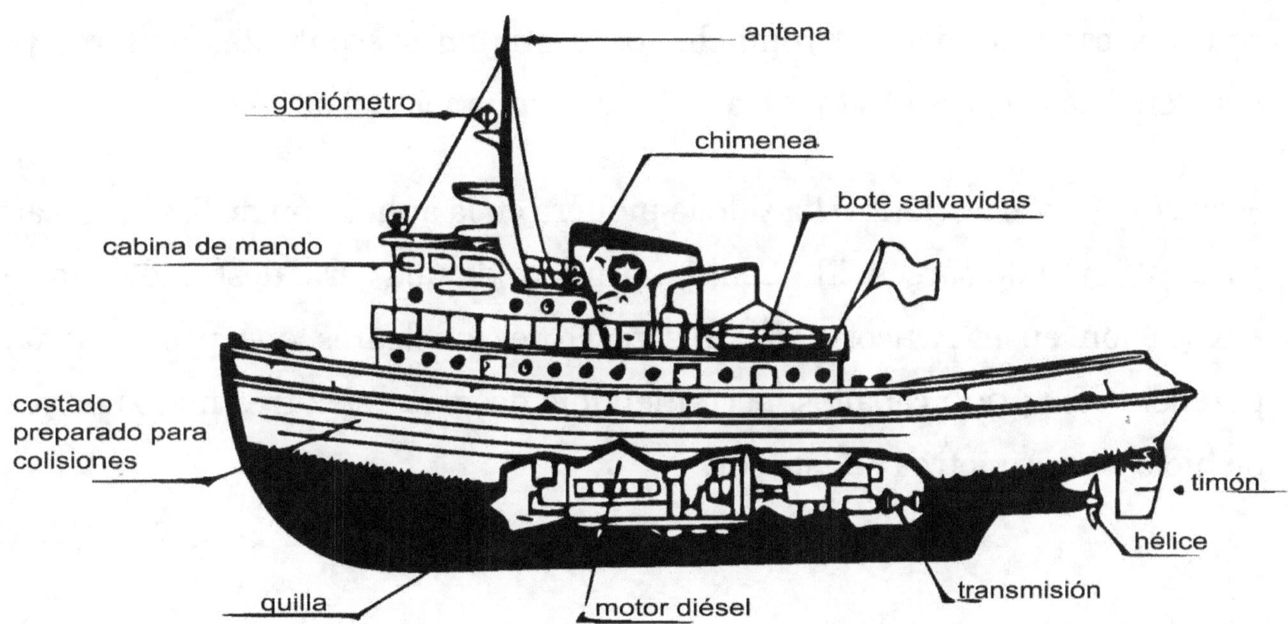

El rompehielos

El rompehielos es uno de los barcos más especializados que existen. Destinado a navegar por latitudes extremas, donde el mar cubre frecuentemente su superficie con una capa de hielo, el rompehielos confía en sus potentes motores y en su resistente casco para efectuar travesías de exploración o auxilio.

Rusia (ex Unión Soviética) ha sido la pionera en la aplicación de la energía atómica para este tipo de barcos. El «Lenin», primero de una serie destinada a facilitar la navegación en el Ártico, tiene tres reactores nucleares que proporcionan una potencia de 44.000 caballos, permitiéndole desplazarse a tres nudos por campos de hielo de dos metros de espesor.

*****

Estimado Lector:

Nos interesan mucho tus comentarios y opiniones sobre esta obra. Por favor ayúdanos comentando sobre este libro. Puedes hacerlo dejando una reseña en la tienda donde lo has adquirido.

Puedes también escribirnos por correo electrónico a la dirección **info@editorialimagen.com**.

Si deseas más libros como éste puedes visitar el sitio web de **Editorialimagen.com** para ver los nuevos títulos disponibles y aprovechar los descuentos y precios especiales que publicamos cada semana.

Allí mismo puedes contactarnos directamente si tienes dudas, preguntas o cualquier sugerencia. ¡Esperamos saber de ti!

Más Libros de Interés

Esteban Vence sus Miedos y Conoce al Mejor Súper Héroe

Este libro relata varias aventuras del pequeño Esteban, a quien le gusta jugar y divertirse con sus hermanos. En una oscura noche, el miedo se apoderó de él, pero luego conoció a alguien que cambió su vida para siempre, conoció al mejor Súper Héroe, ¡uno real! Descubre tú mismo de quién se trata…

Milena - La Princesita Viajera

Este libro ilustrado cuenta varias aventuras de Milena, una niña a la que le encanta viajar por el mundo. De la serie Cuentos para Niños, este libro es perfecto para aquellos padres que buscan cuentos infantiles ilustrados para los más pequeños.

Mi amigo extraterrestre

Este libro relata una de las tantas aventuras de Tomás, un niño al que le encanta jugar. Tomás decide leer un libro, cuando de repente recibe una visita inesperada. Lo que sigue son simplemente más aventuras y sorpresas, las cuales ayudan a que Tomás se dé cuenta de algo muy importante al final.

Autos Súper Deportivos - Descubre los automóviles más fascinantes del mundo

Este no es un libro común: Es un "Libro Juego". Este libro pondrá a prueba tus conocimientos sobre automóviles y te irá enseñando todavía más cada vez que lo juegues. ¿Cómo se juega? Muy sencillo. Déjame explicarte. Cada capítulo empieza con datos reales de un automóvil en particular. Al final del mismo tendrás tres opciones para escoger de qué auto estamos hablando.

El misterio de la casa abandonada

¡El primer libro de aventuras para niños y adolescentes donde tú eres el verdadero protagonista!
Tu tío, un detective que trabaja para la policía de tu ciudad, te invita a participar en una investigación relacionada con extraños sucesos que están ocurriendo en las cercanías de una casa abandonada. ¿Por qué la casa está desierta? ¿Qué es esa sombra que viste pasar rápidamente? Descúbrelo en este libro lleno de acción y aventuras.

Amigo de Dios - Un libro ilustrado para niños que desean estar más cerca de Dios.

Descubre cómo ser amigo de Dios a través de historias ilustradas sencillas y divertidas. Contiene historias bíblicas tales como "El Tesoro Escondido" y un cuento para niños sobre el valor del dar: "Regalos del Corazón".

*****